# 누가 배를 흔들었는가?

위기의 순간을 혁신의 기회로 만든 위대한 모험

# 누가 배를
# 흔들었는가?

**커티스 베이트먼** | 권영교 옮김

# Who rocked the boat?

김영사

# 누가 배를 흔들었는가?

1판 1쇄 인쇄 2024. 1. 16.
1판 1쇄 발행 2024. 1. 30.

지은이 커티스 베이트먼
옮긴이 권영교

발행인 박강휘 고세규
편집 김애리  디자인 이경희  마케팅 박인지  홍보 박은경
발행처 김영사
등록 1979년 5월 17일 (제406−2003−036호)
주소 경기도 파주시 문발로 197(문발동) 우편번호 10881
전화 마케팅부 031)955−3100, 편집부 031)955−3200 │ 팩스 031)955−3111

값은 뒤표지에 있습니다.
ISBN 978-89-349-1263-7 03320

홈페이지 www.gimmyoung.com    블로그 blog.naver.com/gybook
인스타그램 instagram.com/gimmyoung    이메일 bestbook@gimmyoung.com

좋은 독자가 좋은 책을 만듭니다.
김영사는 독자 여러분의 의견에 항상 귀 기울이고 있습니다.

# 들어가며

---

"변화는 단순히 삶에 필요한 것이 아니라, 삶 그 자체다."

_앨빈 토플러

## 스토리텔링의 힘

프랭클린코비Franklin Covey를 통해 우리는 위대함을 향해 각자의 머나먼 여정을 헤쳐 나아가는 동안 우리를 이끌고 가르치며 우리에게 충고해주는 이야기의 가치를 새삼 인정하게 되었다. 이런 사실은 40년이 넘는 세월 동안 사업적인 측면에서, 또한 판매된 5,000만 권의 서적을 통해, 그리고 수치상으로 수없이 확인되어왔다.

우리는 이야기의 힘을 실감하고 있으며, 이것이 곧 리더십 수행 능력이라고 생각한다. 그러한 이야기 가운데 가장 뛰어난 작품은 종종 의도적으로 짧은 비즈니스 우화 형식을 통해 하나의 원리 혹은 실천 사항에 매우 심오한 방식으로 활기를 불어넣는다. 그럼으로써 한 개인의 커리어와 기여 수준, 유산, 심지어 조직 그 자체마저 변화시킨다.

다음에 나오는 짧은 이야기는 환상적인 여행을 떠난 배와 거기에 탄 선원들에 관한 이야기이다.

이 여행은 그들에게 상황에 강제로 적응하게 하고, 궁극적으로는 파괴적인 변화를 통해 그들을 성공으로 이끈다. 나는 독자 여러분이 나와 함께 스토리를 공유하기 위한 하나의 방법으로 이 비즈니스 스토리의 구성 방식을 선택했다. 상상 속 선장과 선원들의 경험을 읽어나가면서 여러분의 변화 경험을 되돌아볼 수 있기를 바란다.

나는 《누가 내 치즈를 옮겼을까?》라는 책이 열풍을 일으켰을 때, 저자인 스펜서 존슨Spencer Johnson과 함께 시간을 보내면서 많은 사람이 공유하는 이야기의 위력을 배웠다. 이것은 개인적이거나 전문적이거나 자발적이거나 혹은 예상 밖의 다양한 유형의 변화라는 주제에 관한 나의 서술 기법을 확장하는 출발점이 되었다.

프랭클린코비에서 펴낸 책들을 오랫동안 읽어온 독자들에게 나는 조직이나 개인의 변화에 관한 서적에서 늘 기대될 법한 내용은 잊어버리고, 대신 이 책의 이야기 여행에 올라타는 도전을 한번 해보길 권한다. 또한 책을 읽으면서 변화에 대한 여러분 자신의 독특한 경험을 되돌아보길 바란다.

실제적인 변화를 위한 새로운 계획을 수년 동안 연구해 온 나와 내 동료들은 변화가 때로 골치 아프고 혼란스럽게 느껴지기는 해도 예측 가능한 패턴을 통해 움직인다는 걸 깨달았으며, 바로 그러한 궤적이 이 이야기를 뒷받침한다. 만약 당신이 어떤 팀이나 조직의 리더이거나, 자녀들을 양육하고 있거나, 코칭을 책임지고 있거나, 자원봉사자이거나, 혹은 당신의 인생에서 중요한 변화가 일어나길 기대하고 있다면 이 책이야말로 당신에게 꼭 필요하다.

## 변화는 사람 사이의 일이다

또한 이 책은 한 가지 약속을 한다. 우리의 선장과 선원들이 벌이는 환상적인 모험은 우리와 주변 사람들이 변화에 어떻게 반응하는지뿐만 아니라, 적절한 순간에 진정한 주인 의식을 발휘하는 것이 어떤 방식으로 새로운 전략과 기회, 심지어 더욱 훌륭한 성과를 이끌어내도록 격려하는지 이해하게 하는 로드맵 역할을 한다는 것이다.

《누가 배를 흔들었는가?》라는 다소 아이러니한 제목을 원치 않은 변화에 누구의 책임이 있는지 파악하려는 문장으로 해석해서는 안 된다. 그보다는 우리가 예상 밖의 변화에 흔히 어떤 반응을 가장 먼저 보이는지를 사실상 인정한 것에 가깝다. "이 상황에서 나는 누구를 탓해야 하는가?"라는 의미인 것이다!

이 책을 위해 더 정확하지만 기억하기 힘들 정도로 장황한 제목을 짓는다면 "좋아, 나는 몇몇 사람과 함께 이 변화의 함선에 탑승했고, 다들 노를 잡고 있으니 아마도 우리가 이 곤경에서 탈출하려면, 가지고 있는 지도를 본 다음 서로 힘을 합쳐 노를 저어 길을 찾아야 할 거야"가 될 수도 있을 것이다.

이제 좀 이해가 될 것이다. 이 책은 성공적인 변화가 단순히 융통성 없이 뒤따르는 과정이나 의사소통 계획에 달린 것이 아니라, 가장 먼저 사람들로부터 출발한다는 사실을 원칙적으로 인정하는 데서 시작된다는 것을 보여준다. 어떤 혼란스러운 상황에 대해 개별적으로 책임을 돌리려고 누군가를 공공연하게 비난하지 않고, 우리와 다른 사람들이 변화에 어떤 식으로 반응하는지를 이해하며, 효과적으로 앞으로 나아가기 위해서 그러한 이해를 하나의 전략으로 결합하는 것이 중요하다.

내가 사람들의 대화를 이야기의 진입점으로 사용하는 걸 양해해주기 바란다. 원치 않는 변화에 직면한 리더와 사람들이 신뢰하는 누군가가 주고받는 문자 대화를 한번 잘 살펴보자….

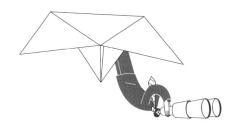

항해 일지

## 어느 리더의 딜레마

화요일, 오전 10시 41분

나 좀 도와줘!

방금 회사에서 대규모 인사이동이 있을 거라고
발표했어.
우리 팀이 바로 그 모든 사태의 중심에 있어. 악!

지금까지 이런 상황을 겪고 있는
팀을 이끌어본 적이 한 번도 없어.

화요일, 10시 50분

어떻게 해야 하지?

어디서부터 시작하면 좋을까?

심호흡부터 해…. 넌 할 수 있어.

화요일, 오전 11시 23분

말이야 쉽지! 난 너무 당황스럽다고.

내게 연락 해줘서 고마워.
나한테 네 멘토가 되어달라고 부탁한 이유가 바로
이거구나.
바로 이런 순간 때문이지, 그렇지?

맞아.

조언 좀 부탁해.

방금 변화에 관한 기발한 이야기를
하나 보냈어.
그걸 다 읽은 다음에 문자 해.

## 등장 선원 소개

| **선장**<br>CAPTAIN | '결과'호를 이끄는 리더. |
|---|---|

| **움직여**<br>MOVE | '결과'호의 기술자. 증기 엔진을 계속해서 활발하게 가동시킨다. |
|---|---|

| **줄여라**<br>MINIMIZE | 일등항해사. 화물을 관리 감독한다. |
|---|---|

| **저항해**<br>RESIST | 이등항해사. 배와 선원들의 안전을 책임진다. |
|---|---|

**기다려**
WAIT

평선원. 모든 일을 골고루 조금씩 다룬다.

**그만둬**
QUIT

쌍둥이인 피장파장과 교대로 근무하며
배를 강 하류 쪽으로 조종해나간다.

**피장파장**
QUITS

그만둬의 쌍둥이. 그만둬와 교대로
근무한다.

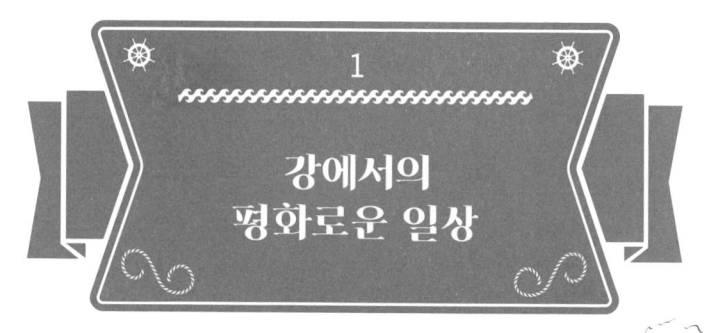

# 1

## 강에서의
## 평화로운 일상

변화관리 모델 1단계

## '결과'호에 탑승한 선장과 선원들

옛날 옛적 **'결과'**호라는 이름의 환상적인 배를 타고 선장과 선원들이 운항에 나섰다.

그들은 기항지가 있는 산을 거쳐 화물을 운송하는 임무를 맡고 있었다. 선원들은 모두 배의 운항 상황에 만족했고, 심지어 약간은 지루함을 느끼기도 했다. **'결과'**호는 느리기는 해도 예측 가능한 속도로 움직이고 있었기 때문이다.

선원들 모두 순탄한 여행이 될 거라 기대했고, 수로는 평온했다. 주변 풍경은 쾌적했고, 하늘 또한 맑고 안정감을 주었다.

선원들은 꽤 오랫동안 함께 일해왔으므로 서로에 대해 잘 아는 사이였다.

**움직여**는 배의 기술자로서 증기 엔진을 계속해서 활발하게 가동했다. **줄여라**는 일등항해사로 근무하면서 화물을 관리 감독하는 역할을 맡았다. 이등항해사인 **저항해**는 배와 선원들의 안전을 책임지고 있었다. **기다려**는 모든 일을 골고루 조금씩 다루는 평선원이었다. 마지막으로 **피장파장**과 **그만둬**는 쌍둥이인데, 교대로 근무하며 배를 강 하류 쪽으로 조종해나가는 일을 했다. 이들 모두 선장 밑에서 근무했고, 선장은 '**결과**'호와 선원들에 관련된 모든 일의 총책임자였다.

## 순탄한 항해에 나선 '결과'호

**기다려**가 동료 선원들에게 말했다.

"난 이런 순한 강이 마음에 들어."

**줄여라**가 말을 보탰다.

"이런 강은 수월한 여행에 한몫하는 법이지."

"그리고 이런 편한 여행이 우리에게 잠깐 훈련할 시간을 주는 것도 사실이야."

언제나 에너지가 끊임없이 샘솟는 **움직여**가 말을 이었다.

"너희들도 알다시피 우리는 기술을 갈고닦으면서 새로운 무언가를 배워야 해!"

**저항해**는 한쪽 눈썹을 치켜올리면서 대꾸했다.

"받는 돈은 같은데 더 많은 일을 하라고? 됐어, 난 그냥 하는 척만 할 거야."

"나도 마찬가지야."

**피장파장**이 키를 잡은 채 아래쪽을 향해 소리쳤다.

"너희들 너무 스트레스받지 마. 이번 여행길은 비단처럼 매끄럽게 흐를 테니까."

"맞는 말이야."

**그만둬**가 맞장구쳤다.

"내가 키를 잡고 있을 때는 비단처럼 매끄럽지!"

그들은 모두 **그만둬**의 지나친 자만심을 비웃었다.

하지만 강을 따라 나아가는 여행은 마치 우리의 인생과도 같아서 놀라운 일들이 숱하게 펼쳐지기 마련이다.

## 배를 타는 여정이 항상 평온할 수는 없다

바로 그때 저 멀리서 낮게 웅웅거리는 소리가 들렸다. 그 소리는 '**결과**'호 증기 동력 엔진들의 통통거리는 소리를 점차 압도하면서 커져갔다. 강이 점점 **빠른** 속도로 움직이고 있다는 사실을 깨달은 선장은 그게 무슨 의미인지 금방 알아챌 수 있었다. 앞에 폭포가 기다리고 있는 것이다! 하지만 그들이 미처 방향을 돌리기도 전에 급류가 배를 재**빠**르게 휘감으며 끌어당겼다.

"모두 내 말 들어. 각자 위치로!"

선장은 이렇게 외치면서 선원 모두에게 구명조끼를 입고 앞으로 닥칠 불확실한 상황에 대비하라는 기본적인 지시를 내렸다.

"전방에 폭포가 있다!"

하지만 이때 선원들 모두가 동일한 반응을 보인 것은 아니다.

새로운 모험이 가져다주는 흥분감을 즐기는 인물인 **움직여**는 부삽을 들더니 보일러 속에 석탄을 수북이 집어넣기 시작했다.

"폭포 쪽으로 빨리 다가갈수록 우리 여정은 더 속도를 내고 신이 나겠지!"

**움직여**는 선두로 달려나가 승선의 스릴을 즐기는 걸 사랑했다.

**줄여라**는 단지 예상할 수 있는 사실만 알기를 원하고 가급적 최소한의 행동만 하고 싶어 하는 인물이었다. 그래서 지나치게 많은 생각을 하거나 필요 이상의 에너지를 소모하지 않게 조심했다.

"저게 정말 폭포일까? 우리가 해야 할 일보다 더 많이 해서 너무 앞서 나가지 않도록 하자고."

**줄여라**는 적하 목록을 검토하다 말고 위쪽을 올려다보며 이렇게 말했다.

**기다려**는 선장의 경고를 주의 깊게 들었지만, 여전히 하던 일을 계속했다.

"예전에도 저런 소리에 속은 적이 많아. 가만히 기다리다가 무슨 일이 벌어지는지 구경이나 하는 게 상책이지."

이런 말을 하는 **기다려**는 어떤 행동을 하기에 앞서 다른 선원들을 관찰하면서 그들이 어떤 반응을 보이는지 지켜보는 인물이었다.

**저항해**는 배가 더 이상 앞으로 나아가지 않도록 막아야 한다고 확신했다. 폭포는 틀림없이 '**결과**'호를 파괴할 터였다. **저항해**는 동료 선원들에게 소리쳤다.

"우리는 물살에 맞서 싸워야 해! 내가 닻을 물속으로 던질 수 있게 도와줘!"

하지만 선장이 나서서 만류했다. 배가 너무 빠른 속도로 움직이고 있어 닻을 내리면 뒤집힐 위험이 있었기 때문이다.

이때 **피장파장**과 **그만둬**는 제각기 생각이 달랐다. **피장파장**은 정글이 폭포보다 훨씬 나은 선택지라 생각하고 이렇게 외쳤다.

"너희 모두의 행운을 빌어줄게. 하지만 난 그만 여기서 탈출할 거야!"

다음 순간, **피장파장**은 물속으로 뛰어들어 강기슭을 향해 헤엄쳐 갔다.

반면에 **그만둬**는 탈출하고 싶은 생각이 굴뚝 같았지만, 지금 당장은 배나 선원들을 버리고 떠날 마음이 없었다. 어쨌든 간에 정글이 폭포보다 덜 위험할지 어떨지 누구도 모른다는 게 그의 생각이었다. 그래서 **그만둬**는 키에서 손을 떼고 물러나 뱃전을 잡고는 말했다.

"이젠 아무리 배를 조종해봐도 소용없어."

선장은 배의 타륜을 잡고 '**결과**'호를 앞에 있는 벼랑으로 이끌었다.

변화관리 모델 1단계

**현재 상황의 영역**

평화롭게 강을 운행하던 **'결과'호**의 앞에 폭포가 기다리고 있다! 갑작스러운 상황을 마주한 여섯 선원은 각기 다른 반응을 보인다.

1단계 현재 상황의 영역은 강의 현재 상황인 일상적인 모습을 나타낸다.

---

1. 이 단계가 당신에게 어떤 느낌으로 다가왔는가? 감정과 상호작용이 어떻게 전개되었는지 곰곰이 생각해보라.

-------------------------------------------

-------------------------------------------

-------------------------------------------

-------------------------------------------

-------------------------------------------

-------------------------------------------

-------------------------------------------

-------------------------------------------

-------------------------------------------

-------------------------------------------

# 2
## 폭포로
## 추락했을 때

변화관리 모델 2단계

## 추락하는 '결과' 호

배는 튀어 오르고 심하게 흔들리면서 폭포의 물마루 쪽으로 점차 다가갔다. 폭포의 아우성과 물보라, 그리고 세찬 바람에 휩싸인 선원들은 온갖 맹렬한 감정에 완전히 사로잡힌 채 아래로 곤두박질쳤다.

그 와중에도 **그만둬**가 소리쳤다.

"이런 일이 일어날 거라고 내가 너희들한테 말했지! 우린 이제 아무 가망도 없어!"

**저항해**가 고함을 질렀다.

"우린 닻을 내렸어야 했다고!"

"이런 젠장!"

**기다려**는 난간에 매달린 채 울부짖으며 얼마나 더 최악의 상황들이 벌어질까 걱정하는 두려움에 몸을 떨었다.

**움직여**는 기쁨의 함성을 지르며 아드레날린이 밀려오는 느낌을 즐겼다.

**줄여라**는 그냥 조용하기만 했다.

선장은 부하들이 한바탕 혼란의 소용돌이에 빠졌다는 사실을 눈치채고는, 여러 가지 감정에 격해진 그들의 모습을 보며 생각했다.

'우리가 바닥을 치고 난 다음에 어떻게 해야 내가 선원들한테 도움이 될 수 있을까?'

## 폭포를 피할 수는 없어

'**결과**'호는 엄청난 굉음을 내면서 폭포 아래 웅덩이 속으로 떨어졌다. 엔진은 뜨거운 증기를 내뿜으며 마치 항의라도 하듯 비명을 질렀고, 선원들은 추락하는 과정에서 서로 부딪치며 아우성쳤다. 선원들 가운데 몇 명은 물속에 떨어졌고, 다른 선원들이 앞다투어 구명 도구를 던져 그들을 끌어 올렸다.

**기다려**는 폭포의 수압 때문에 물속에 빠졌지만 가까스로 헤엄쳐 나왔다. 흠뻑 물에 젖고 여기저기 부딪혀 부상을 입은 선원들은 이제 자신들이 입은 피해를 가늠했다. '**결과**'호는 분명 상당한 타격을 받았지만, 여전히 물에 뜬 상태로 강의 흐름에 따라 움직이고 있었다.

**저항해**가 질문했다.

"이젠 어떻게 하죠?"

그러곤 낯설고 예상치 못한 다른 상황에 대처하기 위한 준비 태세에 돌입했다.

**기다려**는 다른 선원들을 살펴보면서 뭘 해야 할지 실마리를 찾고 있었다.

선장은 배가 입은 피해를 분석한 다음 말했다.

"폭포가 가련한 우리 배에 엄청난 피해를 줬고, 우리는 모두 몸에 멍이 들고 부러졌다. 그래도 이제 서로 힘을 합쳐 원래 진로로 복귀해야 해."

"그런데 애초에 무엇 때문에 이 길을 선택한 건가요?"

**그만둬**가 투덜거렸다.

"얼마든지 다른 수로들이 많잖아요. 도대체 어떤 미친 인간이 폭포가 있는 강을 고른 거죠?"

선장이 대답했다.

"만일 우리가 항상 똑같은 강에 똑같은 수로만 선택한다면 영원히 더 나은 길을 발견할 수 없을 거야. 그리고 어떤 강도 늘 아무 변화 없이 잠잠한 상태를 유지하는 건 아냐. 그러니 폭포는 언제나 우리 여행의 일부가 될 수밖에 없어."

**저항해**가 대들 듯이 말했다.

"그럼 이젠 어떻게 해야 하나요?"

선장은 선원들을 안심시키듯 미소를 지어 보이면서 말했다.

"이 상황이 누구도 예상치 못한 일이란 건 나도 알아. 하지만 우린 어떻게든 힘을 합쳐서 방법을 생각해내야 해."

"대찬성입니다, 선장님."

**움직여**가 열을 올리며 말했다.

"새로운 일을 시도하면 인생이 더 재밌어지는 법이지요."

**저항해**가 툴툴거렸다.

"난 더 재미있는 인생 따윈 필요 없어."

**그만둬**가 말했다.

"분명히 말하는데, 난 단 한 번도 이 모든 상황을 원한 적이 없어."

## 배를 어떻게 옮길 것인가

강물이 '**결과**'호를 어느 모래톱으로 이끌었다. 그들은 강기슭에 닻을 내리고 배에서 내렸다. 모래흙이 그들이 신고 있는 장화를 계속해서 아래로 끌어당겼다. 마치 그들을 꼼짝없이 묶어두려는 것처럼 몸을 가누기조차 힘들었다.

선장이 말했다.

"잠시 여기서 휴식을 취하는 게 좋겠다. 하지만 너무 오래 머물 계획은 아니야. 뭘 할지 결정하고 나서 슬슬 움직이자."

"우리가 의견을 나누는 데 너무 많은 시간을 허비하지만 않는다면 말이죠."

**움직여**는 이렇게 말하면서 한 걸음씩 발을 옮겼다.

**줄여라**가 제안했다.

"강물이 여기서 어느 쪽으로 내려가는지 그것부터 알아냅시다."

"그렇지만 그 길은 우리가 가야 할 곳으로 이어지지 않을 거야."

선장이 대꾸했다.

"우리의 임무는 '**결과**'호와 화물을 산악 지대와 그 너머 항구까지 가져가는 거야. 두 곳 모두 높은 지대에 있어."

"내가 아무리 신경 쓴다 해도 화물이 손상을 입을 수 있어요."

**그만둬**가 말했다.

"이렇게 된 게 너무 속상해요."

선장이 말했다.

"우리에겐 아직 해야 할 일이 있어."

그러곤 절벽 위쪽을 올려다보며 말을 이었다.

"그 사실은 변함이 없으니, 저 꼭대기까지 도달하는 게 최선의 선택이겠군."

"좋아요. 그렇다면… 저 깎아지른 듯한 암벽 위로 배를 옮겨야겠군요. 마치 마술처럼요."

**저항해**가 비꼬듯이 말했다.

**저항해**는 때로는 조롱이 어떤 아이디어를 중단시키는 가장 좋은 방법이라는 사실을 잘 알고 있었다.

힘든 현실에 좌절한 선원들은 강변 이곳저곳에 흩어져 자신이 무엇을 어떻게 해야 할지 생각에 잠겼다.

선장은 바위에 걸터앉아 있는 **기다려**에게 다가가 말을 건넸다.

"자네한테 한 가지 물어봐도 될까?"

**기다려**는 어깨를 으쓱해 보였다.

선장이 물었다.

"왜 우리 팀이 절벽 위로 올라가는 걸 저렇게 주저하는 거지?"

"글쎄요, 우리 선원들이 아무 일이나 무모하게 시작하는 걸 원치 않는 것 같다고 말씀드리고 싶네요."

선장은 잠깐 생각하더니 다시 물었다.

"모든 선원이 그럴 거라고 생각해? 아니면 그냥 자네 느낌이 그렇다는 거야?"

"글쎄요, 적어도 저는 그렇게 느끼고 있어요. 전 예전에도 이와 비슷한 일을 겪은 적이 있어요. 그런데 일이 잘 풀리지 않았죠. 각자 좋은 아이디어를 제시한다 해도 결국에는 다 자기 입맛에 맞는 생각일 뿐이거든요."

## 배를 분해해야 한다고?

**기다려**의 의견을 경청한 선장은 나머지 선원들과도 한 명씩 비슷한 면담을 나눴다. 결국은 모두가 서로 다른 우려와 반응을 표현했지만, 선원들이 대체로 원한 것은 시간 낭비로 끝나지 않을 명확하고, 신중하고, 모두의 의견을 종합해서 결정한 계획이었다. 진지한 논의와 토론 끝에 선장은 자신의 의견을 선원들에게 제시했다.

"배를 분해해야 한다는 게 내 생각이야."

"잠깐만요."

**저항해**가 선장의 말을 가로막았다.

"배 전체를 분해해야 한다고 말씀하시는 거예요? 그런 다음에는 어떻게…? 하나씩 들고 올라가라고요? 우리 등에 지고요? 그건 정말 최악의 아이디어예요, 선장. 여기 있는 누구도 그 생각을 지지하지 않을 겁니다."

하지만 **줄여라**는 **저항해**와는 조금 다른 시각으로 상황을 바라보는 듯했다.

"그렇게 호들갑 떨 일은 아니야. 도르래와 돛대, 삭구를 활용해서 승강 장치를 만든 다음 '**결과**'호를 조금씩 끌어올리면 돼. 등에 지는 것보단 훨씬 낫지, 그렇고말고. 물론 내가 절벽을 올라가고 싶단 말은 아니야. 하지만 계획이 그렇다면 적어도 좀 더 머리를 쓸 순 있잖아."

**움직여**가 소리쳤다.

"그 생각 마음에 들어!"

목소리가 무척 컸지만 아무도 그다지 놀라지는 않았다.

"배가 얼마나 무거운지 잊었어?"

**그만둬**가 말했다.

"우리가 '**결과**'호를 아무리 작게 분해한다고 해도 도르래 몇 개로는 해결 못해. 우린 절대 할 수 없을 거야."

**그만둬**는 말을 마치고 **저항해** 쪽을 바라보았다.

"너도 그렇게 생각하지, 안 그래?"

**저항해**는 다소 의심쩍게 웃으면서 고개를 끄덕였다.

"좋아."

선장이 말을 이었다.

"그렇다면 대안은?"

선원들은 서로에게 시선을 돌렸다. 아무리 생각해도 배와 화물을 정상까지 옮길 더 좋은 방법이 떠오르지 않았다.

이윽고 선장이 말했다.

"그럼 이제 시작해볼까?"

선원들 중 일부는 동의하듯 고개를 끄덕였고, 일부는 미적지근한 태도를 보였다.

하지만 **기다려**는 이제 일을 시작해야 한다는 사실을 충분히 파악한 듯했다.

"연장을 가져다줄게!"

**기다려**가 **움직여**를 향해 소리쳤다. 하지만 **움직여**는 벌써 배를 향해 저만치 걸어가고 있었다.

선장은 선원들이 작업을 시작하기로 결심했다는 사실에 만족했다.

협곡에서 빠져나가려면 어떻게든 모두 힘을 합치는 방

법밖에 없다는 걸 잘 알고 있었기 때문이다.

비록 선원들에게 익숙하지 않은 방식이긴 해도 말이다.

변화관리 모델 2단계

## 혼란의 영역

폭포에 다다른 **'결과'**호, 폭포 아래로 추락하고 만다. 선장은 배를 분해해 절벽 위로 옮기자고 제안하는데, 선원 모두가 이에 찬성하는 건 아니다.

2단계 혼란의 영역에서는 폭포로 인해 혼란과 혼돈에
휩싸이게 된다.

**1. 당신이 건넌 폭포는 얼마나 큰 규모였는가?**

**2.** 그 폭포를 통과하는 동안 어떤 느낌이 들었는가?

---------------------------------------------------

---------------------------------------------------

---------------------------------------------------

---------------------------------------------------

---------------------------------------------------

---------------------------------------------------

**3.** 당신과 함께 있는 사람들은 어떤 행동을 했는가?

---------------------------------------------------

---------------------------------------------------

---------------------------------------------------

---------------------------------------------------

---------------------------------------------------

---------------------------------------------------

**3**

# 절벽을 어떻게
# 오를 것인가

변화관리 모델 3단계

## 다 해봤던 일이니 힘을 내!

그들이 세운 계획에는 몇 가지 단계가 있었다. 우선 배를 처리하기 쉬운 부분들로 분해한다. 그리고 정상에서 권양기를 만드는 데 필요한 부품들을 가지고 사다리를 이용해 암벽 위로 올라간다. 그런 다음 권양기로 각종 짐과 화물을 끌어 올린다. 마지막으로, 모든 물품과 인원이 고원에 안전하게 집결하면 '**결과**'호를 재조립해 강물에 띄움으로써 예전의 상태로 복귀한다.

**움직여**는 이미 그 자리에 없었다.

**움직여**는 동료들이 토론하는 도중 자리를 벗어나 벌써 절벽의 3분의 1가량을 올라가는 중이었다. **움직여**는 밧줄 꾸러미와 몇 개의 도르래, 그리고 각종 공구로 가득 찬 다용도 벨트를 차고 있었다. 선장이 내려오라고 소리치자, 그는 인상을 쓰며 내려오기 시작했다.

**줄여라**는 **움직여**가 요점을 놓치지 않도록 큰 소리로 고함을 질렀다.

"여기 아래에서도 그 연장들이 필요하다는 걸 명심해!"

**움직여**가 다시 강변으로 돌아오자 선원들은 배를 해체하는 작업에 들어갔다. 증기 동력의 엔진을 분해하고, 화물을 빼내고, 덮개와 비상 돛을 걷어서 접고, 밧줄을 감고, 무거운 도르래를 잡아매고, 권양기의 지렛대로 쓰기 위해 맨 뒤쪽의 돛대를 절단했다.

어떤 특정 작업이 힘겹다고 느껴질 때마다 **줄여라**가 나서서 동료들이 모두 선박 수리 훈련을 받았다는 사실을 일깨워주었다. 그 덕분에 선원들은 큰 어려움 없이 '**결과**' 호를 해체할 수 있었다.

마침내 선원들은 배의 해체 작업을 완성하고, 받침대용 재료들을 모으고 필수 장비인 사다리를 만들었다.

이제는 암벽에 오를 차례였다.

## 일이 예상보다 힘들 때

하지만 막상 이 순서가 되자 심지어 **줄여라**조차도 등반이 얼마나 어려운 일인지 과소평가했음이 드러났다. 암벽을 오르는 것은 극도로 힘든 일이었다. 그들은 암벽 위에서 적당한 장소를 골라 사다리를 설치했다. 그런 다음 이를 고정시키고 작은 받침대를 구축한 후 다른 사다리를 들고 올라가 같은 과정을 반복했다.

때로 선원들은 사다리를 고정할 적당한 장소를 아무리 노력해도 찾을 수 없었다. 그럴 때면 다시 아래로 내려가 다른 길을 물색해야 했다. 가끔씩은 사다리를 옆으로 눕혀야 했고, 원치 않는 방향으로 길을 내기도 했다. 위쪽으로 향하는 다른 길을 발견하려 애쓰기도 했다. 어떨 때는 바람에 밀려 절벽에서 떨어질 뻔하기도 했다!

이 외에도 선원들은 수많은 난관을 극복하면서 때론 위쪽으로, 때론 옆쪽으로, 때론 아래쪽으로 이동했다. 그렇게 끈질기게 암벽을 올라갔다.

마침내 그들은 정상에 도달했다. 그곳에서 선원들은 도르래를 만들었고, 아래쪽에 있는 선원들이 각종 재료를 매달아 위쪽으로 올려보냈다.

성공! 적어도 그들 생각으로는 그랬다.

하지만 매우 실망스럽게도 사실은 **그만둬**의 말이 줄곧 옳았다는 게 증명되었다. 부품들이 너무 무거워 도르래와 돛대 기둥을 전부 동원해도 감당할 수 없었다!

선원들이 아무리 노력해도 무거운 짐을 끌어올리는 데는 역부족이었다.

**그만둬**가 큰 소리로 진지하게 동료들에게 말했다.

"너희들 모두 그 이야기 잘 알지? '그러니 진작 조심 좀 했어야지'라고 말하게 되는 때를 말이야."

**기다려**가 애원했다.

"제발 좀 그러지 마."

"이런 젠장, 완전히 시간 낭비였잖아."

**줄여라**가 말하면서 그들이 만든 권양기를 바라보았다.


## 해결하지 못할 문제는 없다

"말도 안 되는 소리 하지 마."

**움직여**가 말을 이었다.

"지금까지 이 정도로 성공한 것만 해도 우리에겐 영광이라고."

"좋아."

**저항해**가 말했다.

"하던 대로 계속하면서 스스로 자신의 머리를 쓰다듬어줘. 그러면 기분이 좀 좋아지지 않을까?"

그때 선장이 말했다.

"**움직여** 말에도 일리가 있어."

선장은 부하들이 여기까지 도달하느라 얼마나 큰 수고를 했는지 정확히 알고 있었다.

"우리가 절벽을 오르기 위해 갖가지 도전 과제를 해결한 건 사실이야."

이 말을 듣고 자신이 얼마나 열심히 일했는지 되돌아본 선원들은 앞으로 예상치 못한 상황을 극복해낼 수 있는 자신감이 더 커진 듯한 느낌을 받았다.

"나사가 떨어졌을 때 생각나?"

**기다려**가 말을 이었다.

"암벽 틈바구니를 천연 앵커로 활용하는 방법을 터득하기도 했지."

"암벽 표면이 돌출해서 사다리가 제 기능을 할 수 없을 때도 있었어."

**움직여**가 말했다.

"**저항해**가 기발하게 클로브 히치 방식의 매듭을 여러 개 이용해서 밧줄 사다리를 만들기도 했지."

**저항해**가 말했다.

"그건 정말 가장 효과적인 해결 방법이었어."

선원들은 지금까지 많은 걸 이루어냈다는 사실을 실감하고 불평불만에서 벗어났다. 그리고 다시 한번 시도해보자는 선장의 격려를 받으며 그들 앞에 놓인 문제를 해결하기 위해 노력하기로 했다.

## 다 같이 힘을 합쳐 단계를 밟아나가면

그들은 보일러를 뜯어고쳐 인력이 필요한 권양기를 증기 동력 기계로 변형하기로 결정했다. 보일러 부품들이 다소 크기는 했지만, 다행히 선원들의 힘으로 들어 올리지 못할 만큼 무겁지는 않았다. 그건 그들이 확보한 도르래를 이용해서 부품들을 정상으로 운반할 수 있다는 의미였다.

보일러 부품을 끌어 올리는 작업이 끝나자, **움직여**가 그 부품들을 재조립하고, 증기 엔진을 새로운 과업에 적용했다.

권양기를 완성하자 연료를 채우고 불을 붙인 후 선원들은 몇 발짝 뒤로 물러났다. 이윽고 피스톤이 움직이기 시작하더니, 다음 순간 펌프 운동을 하면서 딸꾹질하듯 배기가스가 나왔다. **줄여라**가 레버를 당기자 그들의 새로운 기계식 권양기가 문제없이 작동하기 시작했다.

선원들은 탄성을 지르며 서로 축하했고, 모두가 하이파이브를 나누었다. 선장은 미소를 지으면서 그들이 그와 같은 성공을 거둔 게 오랜만인 것 같다고 말했다. 사실상 상당히 오랜만의 일이었다.

배의 모든 무거운 화물과 커다란 부품들을 협곡 밖으로 옮긴 선원들은 이제 마지막 등반에 나섰다. 사다리와 받침대를 회수하면서 그들은 정상을 향해 올라갔다. 이리저리 오르내리는 반복적인 작업이었다. 절벽을 오르는 일은 선장이 예상했던 것보다 훨씬 힘든 일이라는 게 분명해졌다. 하지만 선원들이 함께 힘을 합쳐 일하고, 착실하게 조금씩 수행해나감으로써 위기를 극복할 수 있었다.

선장과 선원들은 예전과 달리 새롭고 유리한 관점에서 폭포와 강을 바라볼 수 있었고, 이는 그들의 여행이 다시 시작되었다는 의미이기도 했다. 그들은 풀숲으로 우거진 고원을 가로질러 산악 지대로 흐르는 강줄기를 발견했다. 모두가 탈진한 상태였지만 선원들은 자신들이 이룬 성취에 자부심을 느꼈고, 이제 곧 예전의 상태로 돌아갈 수 있을 터였다!

## 변화관리 모델 3단계
# 아이디어 채택의 영역

선원들은 열띤 토론 끝에 **'결과'**호를 해체하고 권양기를 만드는 데 필요한 부품을 가지고 절벽 위로 올라간 뒤, 권양기를 만들어서 나머지 짐을 끌어올린다는 계획을 세운다. 하지만 짐을 지고 암벽을 올라가는 일은 생각보다 쉽지 않았다. 선원들의 불안감은 극에 달한다.

3단계 아이디어 채택의 영역에서는 절벽을 오르고 '결과'호를 원래 상태로 되돌려놓기 위한 새로운 전략을 채택해야 할 필요를 느끼게 된다.

1. 폭포를 만난 후, 앞을 향해 전진하겠다는 결정을 내리기가 더 힘들어졌는가, 혹은 더 쉬워졌는가?

**2.** 당신은 얼마나 많은 시도 끝에 새로운 길을 발견하거나, 막 다른 상황에 처하거나, 혹은 다시 시작해야만 했는가?

3. 등반에 나섰을 때 당신은 세심하게 계획을 짰는가, 아니면 주로 임기응변에 의존했는가?

---------------------------------

---------------------------------

---------------------------------

---------------------------------

---------------------------------

---------------------------------

---------------------------------

---------------------------------

---------------------------------

---------------------------------

---------------------------------

---------------------------------

---------------------------------

4. 만일 당신이 다른 사람들에게 많이 의존했다면, 그들은 등반을 더 쉽게 만들었는가, 아니면 더 힘들게 만들었는가?

--------------------------------------------------

--------------------------------------------------

--------------------------------------------------

--------------------------------------------------

--------------------------------------------------

--------------------------------------------------

--------------------------------------------------

--------------------------------------------------

--------------------------------------------------

--------------------------------------------------

--------------------------------------------------

--------------------------------------------------

**5.** 다음번 변화의 절벽을 오를 때 당신과 당신의 팀이 미래의 혁신을 위해 준비할 수 있는 일로는 무엇이 있는가?

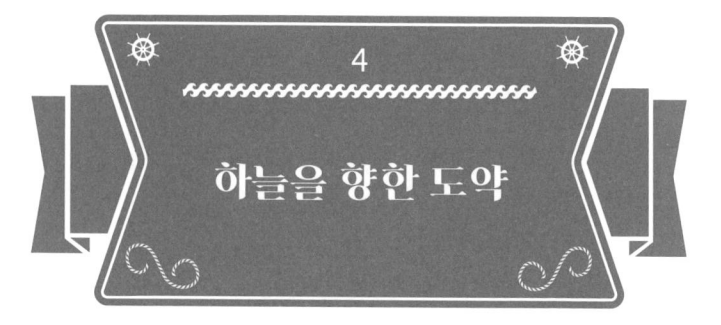

# 4

# 하늘을 향한 도약

변화관리 모델 4단계

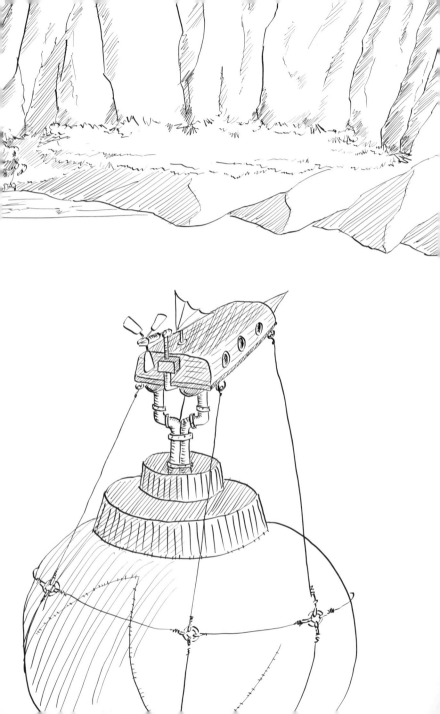

## 우리에겐 각자 다른 특별함이 있어!

무언가가 달라져 있었다. 선원들이 변한 것이다. 그들은 서로 축하 인사를 나누기 시작했다.

"하고 싶은 말은 뭐든 해. 여기까지 오는 데 우린 많은 것을 극복했어."

선장이 말했다.

"그리고 우린 모두 함께 힘을 합쳐서 일했어."

선장은 선원들에게 한 명씩 번갈아가며 말을 건넸다.

"**움직여**, 자넨 일할 때 절대 낡은 방식에 매달리지 않지. 뭔가 새로운 걸 시도할 때면 난 언제나 자네한테 의지

해. **줄여라**, 난 항상 꼭 필요한 것에 집중하곤 하는 자네의 방식을 사랑해. 자네 덕분에 우린 힘에 벅찬 상황에 직면하지 않을 수 있지. **기다려**, 자넨 가장 훌륭한 질문을 하고, 절대로 모든 일에 성급하게 뛰어들지 않지. **저항해**, 자넨 우리한테 다시 생각해보라고 늘 강조해왔고, 그건 매우 유용했어. 그리고 **그만둬**, 자넨 자네한테 아무 책임이 없을 때도 우리가 볼 수 없는 뭔가에 대해 경고 신호를 보냈지. 난 자네들한테 그런 능력이 있다는 걸 알아. 자네들은 진짜 놀라운 선원이야! 다시 본래의 궤도로 돌아온 건 정말 대단해. 하지만 우린 확실히 많은 시간을 소비했어."

**줄여라**가 말했다.

"집을 떠난 건 어쩔 수 없는 일이지만 필요 이상으로 오래 있고 싶지는 않아요. 그래서 모든 상황을 빨리 해결하기 위해 다른 방도는 없는지 늘 궁리하게 돼요."

**움직여**가 말했다.

"재미있는 생각이야."

"어쩌면 우리가 새로운 아이디어를 더 낼 수 있을지도 몰라."

**기다려**가 말을 이었다.

"가령 **'결과'**호를 재조립해서 더 빠른 속도로 물길을 가르게 할 수도 있겠지."

**그만둬**가 자신의 생각을 말했다.

"아니면 불필요한 화물 일부를 버릴 수도 있겠지."

**그만둬**는 모든 짐을 배로 다시 운반할 필요 없는 그 아이디어가 마음에 들었다.

**움직여**가 덧붙였다.

"내가 엔진을 좀 더 변형시키면 더 많은 동력을 얻을 수 있을 거라고 장담해."

**저항해**가 말했다.

"꼬불꼬불한 강에서 더 빠른 속도를 내는 배라니, 끔찍한 생각이야."

**저항해**는 지나친 열정에서 비롯된 모든 변화에 의구심을 품었다.

"난 그 창의성이 마음에 들어."

선장이 말했다.

"하지만 **저항해** 말에도 일리가 있어. 강에는 어쩔 수 없는 제약이 있지. 그렇다면 강을 벗어날 방법은 없을까…?"

**움직여**가 의견을 말했다.

"증기 동력으로 걸어 다니는 기계는 어떨까요?"

**움직여**는 거대한 기계 조작 장치로 사방을 걸어 다니는 아이디어가 재미있었던 것이다.

"폭포에서 걷는다고? 그게 얼마나 끔찍한 아이디어인지 설명하기 위해 남은 내 하루를 다 보내야 하는 거야?"

**저항해**가 말을 이었다.

"아무리 내가 그런 걸 잘한다 해도 그렇지."

**기다려**가 대꾸했다.

"글쎄, 폭포 위를 걸어 다니는 게 그 위로 떠오르는 것보다 얼마나 나은지 난 잘 모르겠어."

"잠깐 기다려봐."

**저항해**가 단호하게 말했다.

"제발 정신 좀 차리자고. 우린 뱃놈들이야. 그게 우리가 아는 사실이고, 또 결국에는 우리가 돌아가야 할 곳이라고."

"하지만 배에도 여러 종류가 있지, 안 그래?"

**움직여**가 말했다.

"서로 다른 배들은 제각기 다른 일을 하고, 제각기 다른 문제를 해결하는 법이지."

## 배를 새롭게 만들 수 있다고?

잠깐 그 아이디어에 관해 생각하던 **기다려**가 갑자기 소리를 질렀다.

"비행 기구 같은 것 말이야!"

선장은 문득 생각난 듯 풀밭에 널려 있는 부품들로 시선을 돌렸다.

"비행 기구라…. 생각을 좀 더 해보면 그리 불가능하진 않겠군. 동일한 기본 토대에다 단지 땅 위로 뜰 수 있게 약간의 변형만 가하면 될 것 같아. 한번 생각해보자… 비행기구를 타면 우린 강과 정글 위를 엄청난 속도로 운항할 수 있을 거야. **'결과'**호가 말 그대로 날아오르는 거지!"

**줄여라** 역시 그 모습을 상상할 수 있었다.

"여전히 배인 건 틀림없지만, 더 나은 방향으로 개선하는 데 충분할 정도로만 바꾸는 거지. 덮개를 꿰매면 열기구 풍선이 될 수 있을 거야."

"좋아…. 대규모 개조지만 불가능하진 않겠어. 우리에겐 재료가 풍부하고, 특히 비상용 돛도 많이 있어."

"그리고 보일러에서 내뿜는 증기가 공기를 가열해서 우릴 뜨게 만들 수 있을 거야."

**움직여**가 말을 이었다.

"모든 화물을 안전하게 운반하기 위해서는 대책이 필요할 거야. 엔진이 뜨거워지지 않도록 말이야."

"프로펠러는 예전처럼 돌아갈 거야. 물속 대신 하늘에서!"

**기다려**가 소리쳤다.

"기본적인 구조는 이전과 똑같단 얘기지."

"열기구를 조종할 조타수가 필요할 거야."

**그만둬**가 말했다.

"근데 옛날에 내가 하던 일과 거의 비슷할 거라는 느낌이 드는군. 단지 더 높다는 것만 빼고."

에너지를 새롭게 충전한 선원들은 자신들의 아이디어를 현실로 만드는 작업에 돌입했다.

## 새로운 항해의 시작

얼마 후, 태양이 지평선 위에 앉을 때쯤 새로운 비행 기구가 모습을 드러냈다. 덮개와 돛을 개조하고, 보일러를 고치고, 프로펠러를 재구성한 선박이 하늘을 향해 날아올랐다.

**그만둬**가 키를 돌리자 방향타들이 이제는 지느러미 같은 역할을 하며 돌았다. 비행 기구는 그들의 기항지가 있는 산악 지대를 향해 우아하게 회전했다. 선장과 선원들은 더 이상 그들 아래에 펼쳐진 느리고 구부러진 강물에 구애받지 않게 되었다.

선원들은 저 멀리 있는 **피장파장**의 모습을 발견했다. 그는 정글 가장자리에 서서 많이 놀란 표정으로 손을 흔들고 있었다. 선장과 선원들은 그저 **피장파장**의 다음번 모험이 그들처럼 큰 성과를 거두기만 바랄 뿐이었다. 선장과 선원들은 새로운 비행 기구를 탄 채 예전에 비해 훨씬 대단한 속도와 효율성으로 전진했다.

물론 앞으로도 여러 가지 도전이 있을 테지만, 그건 또 다른 시간을 위한 것이다. 더욱이 선원들은 예전에 생각했던 것보다 자신이 훨씬 더 회복력 있고 혁신적인 사람이라는 사실을 깨달았다.

그래서 바로 이 순간, 그들은 '**결과**'호가 한때 느리고 대체로 예측 가능한 경로를 따라 나아가던 곳에서 벗어나 이제는 날아오르고 있다는 사실을 축하했다.

그들 역시 날아오르고 있었다.

## 변화관리 모델 4단계
### 혁신의 영역

위기를 극복한 선장과 선원들은 서로에게 축하 인사를 건넨다. 문제를 해결한 것에서 한 발짝 나아가, **'결과'**호를 더 좋은 방향으로 개선하기 위한 아이디어를 공유한다.

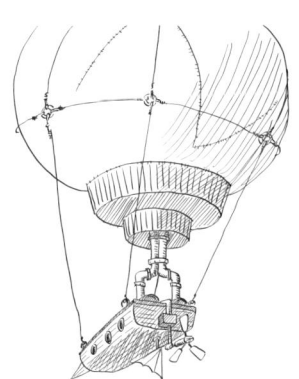

4단계 혁신의 영역에서는 절벽을 오르는 과정에서 일어
나는 다툼과 깨달음을 활용해 생각과 행동의 새로운 방식
을 만드는 데서 혁신이 비롯된다.

1. 마침내 선원들은 훌륭한 '결과'호를 비행 기구로 탈바꿈시
   킨다. 수상용 배에서 비행기구로의 이런 도약은 변화와 연
   계된 혁신 가능성에서 무엇을 시사하는가?

2. 혁신적 창의성은 항상 이처럼 형태가 완전히 달라지는 도 약을 만들어내는가, 아니면 이보다 더 낮은 수준으로도 이 루어질 수 있는가?

_____

_____

_____

_____

_____

그렇다면 그 이유는 무엇이며, 그렇지 않다면 그 이유는 또 무엇인가?

_____

_____

_____

_____

_____

3. 변화의 경험을 활용해 그저 과거 상태로 되돌아가는 것 이
   상의 어떤 일을 했는가?

------------------------------------------------

------------------------------------------------

------------------------------------------------

------------------------------------------------

------------------------------------------------

그런 경험을 바탕으로 어떤 종류의 혁신이 일어났는가?

------------------------------------------------

------------------------------------------------

------------------------------------------------

------------------------------------------------

------------------------------------------------

어떤 폭포는 여행 중에 만난 뜻밖의 상황이지만, 애초 계획에 포함된 폭포도 있다.

1. 폭포가 앞에 있다는 사실을 미리 알고 경로를 계획했는지, 아니면 우연히 폭포를 만나게 되었는지에 따라 변화의 경험이 달라지는가?

_____

_____

_____

_____

그 이유는 무엇이고, 만일 그렇지 않다면 그 이유는 또 무엇인가?

_____

_____

_____

_____

## 어느 리더의 깨달음

화요일, 오후 1시 35분

와, 그 폭포는 완전히 지금 내 인생 같아!!
많은 생각을 하게 돼…….

어디서부터 시작하면 좋을까?
물어볼 게 엄청나게 많아.

쉬워!
이 이야기를 팀원들과 공유하고,
한번 읽어보라고 말해봐.

너한테 대화 예시를 몇 개 보내줄게.
그중 몇 개를 선택해서
너희 팀과 대화를 시작해봐.

화요일, 오후 1시 52분

고마워! 빨리 보내줬네.

그 문장들이 너희의 출발점이 될 거야.

내일 점심 어때? 어떻게 진행되었는지
이야기를 나눠보자.
다음에 어떻게 해야 할지도.

정말 대단해. 네가 보내준 것들을
살펴본 다음 이야기할게.
그리고 진심으로 고마워!

**Who rocked the boat?**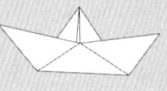

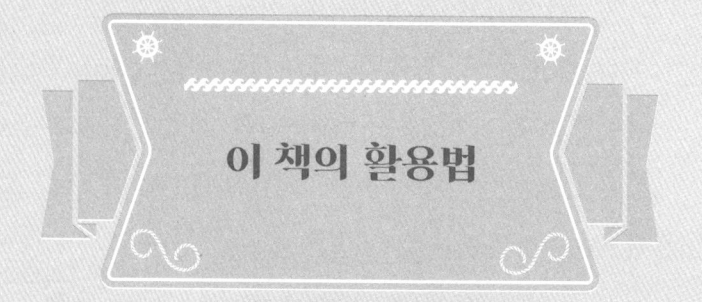

# 이 책의 활용법

나의 경험에 대입하기

우리는 모두 인생을 살아가면서 여러 종류의 강을 따라 여행한다. 언제 어느 때나 자신이 그 여행의 불확실성 속에서 운항 중이라는 사실을 발견하게 된다는 의미다. 전 세계를 휩쓰는 전염병이나 직장에서의 인사이동, 팀에서 맡게 된 새로운 역할, 학교에서 시작한 새로운 과정, 자녀 출생, 사랑하는 사람의 죽음, 이혼, 어떤 프로젝트나 개인적 목표에 생긴 차질에 대한 대응 등이 바로 그것이다.

이 이야기에서 당신은 변화의 예측 가능한 패턴과 함께 그 변화에 관한 다섯 가지 일반적인 반응에 대해 알게 되었을 것이다. 선장과 선원들의 여정이 당신 자신이 경험한 변화와 어떤 방식으로 유사한지, 혹은 다른지 생각해보라. 그런 후 다음의 질문에 답해보라.

1. 이 이야기를 읽거나 들으면서 당신은 변화에 관한 어떤 통찰이나 '깨달음'을 얻었는가?

2. 등장인물 가운데 변화에 대한 당신 자신의 반응이나 주변 사람들의 반응에서, 주목하거나 동질감을 느낀 사람은 누구인가? 움직여, 줄여라, 기다려, 저항해, 그만둬/피장파장 중 누구인가?

3. 당신은 등장인물 가운데 특별히 누구에게 공감할 수 있었는가? 누가 당신과 유사하다고 느꼈는가?

---------------------------------------------

---------------------------------------------

---------------------------------------------

---------------------------------------------

---------------------------------------------

4. 사람들 간의 관계성이 어떻게 변화를 성공적인 것으로 만들거나, 혹은 궁극적으로 성공적인 변화를 저해했는가?

---------------------------------------------

---------------------------------------------

---------------------------------------------

---------------------------------------------

---------------------------------------------

5. 당신과 배에 같이 탄 사람들이 변화에 대해 서로 다른 반응을 보였음에도 어떻게 변화에 기여할 수 있었는가?

------------------------------------------

------------------------------------------

------------------------------------------

------------------------------------------

------------------------------------------

------------------------------------------

그런 결과가 그들의 서로 다른 반응 때문인가?

------------------------------------------

------------------------------------------

------------------------------------------

------------------------------------------

------------------------------------------

6. 변화에 대한 반응은 이 이야기에 나오는 다섯 명의 등장인물 외에도 그 범위가 더 확장될 수 있다. 어려운 변화를 성공시키는 과정에서 당신의 배에 다른 누가 함께 승선하고 있었는가? 가령 횃불을 들고 지면에 가장 먼저 불을 지르는 '저질러'나, 부정적인 생각과 두려움에 완전히 사로잡혀서 기회만 생기면 다른 사람에게 털어놓으려고 하는 '무서워'나, 어느 길을 따라야 할지 결정하는 데 확신이 없거나 무능력한 성격인 '애매모호' 등이 등장할 수 있을 것이다.

---------------------------------

---------------------------------

---------------------------------

7. 혼란스럽고 불안하게 느껴질 수도 있지만, 변화는 예측 가능한 패턴을 따른다. 당신 자신은 변화의 여정을 어떻게 헤쳐 나왔는가?

---------------------------------

---------------------------------

---------------------------------

대부분의 배에는 선장이 있기 마련이다.

1. 리더가 당신의 변화 계획에 미치는 좋은 영향과 나쁜 영향을
   이 이야기에 나오는 선장은 어떤 모습으로 반영하고 있는가?

   - - - - - - - - - - - - - - - - - - - - - - - - - - - - - -

   - - - - - - - - - - - - - - - - - - - - - - - - - - - - - -

   - - - - - - - - - - - - - - - - - - - - - - - - - - - - - -

   - - - - - - - - - - - - - - - - - - - - - - - - - - - - - -

2. 리더는 '선원들'이 발전하도록 도울 수도 있고, 혹은 경험을
   통해 단지 생존하게 하는 데 그칠 수도 있다. 각각의 경우
   리더가 할 수 있는 일에는 어떤 차이가 있을까?

   - - - - - - - - - - - - - - - - - - - - - - - - - - - - - -

   - - - - - - - - - - - - - - - - - - - - - - - - - - - - - -

   - - - - - - - - - - - - - - - - - - - - - - - - - - - - - -

   - - - - - - - - - - - - - - - - - - - - - - - - - - - - - -

   - - - - - - - - - - - - - - - - - - - - - - - - - - - - - -

3. 다른 사람들에게 이 책을 소개하고 함께 변화에 관해 토론
   하기 위해 이 이야기를 어떤 방법으로 활용하면 좋을까?

_____

_____

_____

_____

_____

_____

_____

_____

_____

_____

_____

_____

# 이 책이 던지는 질문

개인에서 조직까지

《누가 배를 흔들었는가?》는 여러 가지 다양한 환경에서 활용하기 위해 쓰였고, 토론 활동과 성찰을 위한 발판이 될 것이다. 다음에 나오는 문장을 이용해서 개인적(변화), 코칭(일대일), 팀과 조직의 변화를 보다 심층적으로 분석해보기를 바란다.

## 개인적 변화(자아 성찰 질문)

**1.** 당신 스스로 이 강에 배를 띄웠는가, 아니면 외부 상황이
이 강에 당신의 배를 띄우게 만들었는가?

---------------------------------

---------------------------------

---------------------------------

---------------------------------

---------------------------------

그에 대해 당신은 어떻게 느끼는가?

---------------------------------

---------------------------------

---------------------------------

---------------------------------

2. 폭포 다른 편에 있는 절벽 꼭대기에서 당신의 변화는 무엇
   처럼 보이는가?

---

---

---

그러한 비전은 얼마나 명확한가?

---

---

---

당신은 다른 누군가에게 그 비전을 설명할 수 있는가?

---

---

---

3. 그 비전은 당신이 폭포를 만난 이후에도 동기 부여가 되어 절벽을 올라가기에 충분한 수준인가?

-------------------------------------------

-------------------------------------------

-------------------------------------------

만일 그렇지 못하다면 당신의 비전에는 어떠한 노력이 좀 더 필요한가?

-------------------------------------------

-------------------------------------------

-------------------------------------------

당신은 더 많은 기술이나 자원을 필요로 하는가?

-------------------------------------------

-------------------------------------------

-------------------------------------------

4. 그 비전을 다른 사람들과 공유하라. 무엇이 그 이야기를 더 개선할 수 있을지 그들에게 질문하라.

---------------------------------------------

---------------------------------------------

---------------------------------------------

---------------------------------------------

---------------------------------------------

5. 절벽을 선택할지 아니면 강의 협곡 저 아래로 떠돌아다니기를 선택할지에 대해 어떤 다른 정보가 더 필요한가?

---------------------------------------------

---------------------------------------------

---------------------------------------------

---------------------------------------------

---------------------------------------------

## 일대일 코칭

1. 강 여행 이야기를 가지고 당신의 변화에 관해 내게 말해보라.

---------------------------------------------------

---------------------------------------------------

---------------------------------------------------

---------------------------------------------------

---------------------------------------------------

2. 어떤 반응이 당신의 반응과 가장 가까이 일치하는가?

---------------------------------------------------

---------------------------------------------------

---------------------------------------------------

---------------------------------------------------

**3.** 당신은 자신의 반응이 마음에 드는가?

------------------------------------

------------------------------------

------------------------------------

------------------------------------

------------------------------------

------------------------------------

그 반응이 이런 변화를 위해 적합한 것인가?

------------------------------------

------------------------------------

------------------------------------

------------------------------------

------------------------------------

4. 우리의 '변화하는 강 여행'에서 어느 부분이 가장 마음에 드는가?

---

---

---

가장 마음에 들지 않는 부분은 어디인가?

---

---

---

그 이유는 무엇인가?

---

---

---

5. 강변에서 선장은 선원들과 한 명씩 대화를 나누었다. 만일 당신이 강변에 있다면 당신의 관심사는 무엇일까?

------------------------------------------------

------------------------------------------------

------------------------------------------------

선장은 당신에게 어떤 질문을 해야 했는가?

------------------------------------------------

------------------------------------------------

------------------------------------------------

당신은 그 질문에 어떻게 대답했을까?

------------------------------------------------

------------------------------------------------

------------------------------------------------

## 팀과 조직의 변화

**1.** 강에서 우리의 일상은 어떠한가?

-----------------------------------

-----------------------------------

-----------------------------------

우리의 현재 상황을 누구와 공유할 수 있는가?

-----------------------------------

-----------------------------------

-----------------------------------

어떤 부분이 침체된 느낌인가?

-----------------------------------

-----------------------------------

-----------------------------------

어디에서 안전하고 예측 가능하다는 느낌을 받는가?

_____

_____

_____

어느 부분에서 지치고 활기 없는 느낌이 드는가?

_____

_____

_____

그에 관한 답들이 직장에서 "왜 우리는 변화하고 있는가"라는 메시지와 연결되는가?

_____

_____

_____

그래야만 하는가?

---

---

---

---

---

만일 그렇지 못하다면 당신은 누구와 대화를 나눔으로써
그 원인을 이해할 수 있는가?

---

---

---

---

---

2. 우리 조직 내에서 누가 훌륭한 '결과'호에 승선해 있고, 앞으로 변화를 체험할 것인가?

---

---

---

3. 누가 회사에서 뒤로 물러난 채로 변화를 체험하지 못하고 있는가?

---

---

---

절벽을 올라가는 여행에 도움이 될 수 있다면 그들 가운데 누가 배 안에 있어야 하는가?

---

---

---

**4.** 강 여행을 그린 일러스트를 보며 조직 내의 각 팀이 어느 위치에 있는지 생각해보라. 각 팀의 배가 동일한 장소에 위치해야 하는가?

---------------------------------

---------------------------------

---------------------------------

그 이유는 무엇인가?

---------------------------------

---------------------------------

---------------------------------

그렇지 않다면 그 이유는 또 무엇인가?

---------------------------------

---------------------------------

---------------------------------

5. 당신의 팀이 속한 훌륭한 '결과'호는 당신이 맞닥뜨린 절벽을 올라가는 데 필요한 모든 자원을 배에 싣고 있는가?

-------------------------------------------------

-------------------------------------------------

-------------------------------------------------

-------------------------------------------------

조직은 어떤 다른 자원을 당신의 배에 실을 수 있는가?

-------------------------------------------------

-------------------------------------------------

-------------------------------------------------

-------------------------------------------------

6. 당신이 탄 배의 선장은 여행에 관한 정보를 당신보다 많이 갖고 있는가, 아니면 당신과 대체로 비슷한 양의 정보를 가지고 있는가?

---------------------------------

---------------------------------

---------------------------------

---------------------------------

만일 당신이 선장을 도울 생각이 있다면, 선장이 여행에 관해 어떤 다른 정보를 얻게 되길 바라는가?

---------------------------------

---------------------------------

---------------------------------

---------------------------------

---------------------------------

당신의 팀이 폭포를 지나 다시 절벽을 오르는 여행에 성공하게끔 도움이 될 만한 것을 선장이 발견할 수 있도록 가장 훌륭한 다섯 가지 질문을 제시해보라.

1. _____

_____

2. _____

_____

3. _____

_____

4. _____

_____

5. _____

_____

# 변화관리 모델 4단계

변화를 예측하고 활용하는 법

이 이야기는 수많은 조직과 개인을 연구하는 과정에서 우리가 살펴본 하나의 익숙한 패턴을 분명하게 보여준다. 여기서 우리는 이 이야기에 나오는 아이디어를 변화 모델과 연결시킬 것이다. 하지만 그 전에 우선 세 가지 중요한 변화 원리를 소개하고자 한다.

## 세 가지 변화 원리

1. **변화는 비밀이 아니다.** 변화는 우리가 활용할 수 있는 예측 가능한 패턴을 따른다. 우리는 이 패턴을 변화 모델이라고 지칭한다.

2. **변화에 대한 다섯 가지 일반적인 반응이 있다.** 옳거나 잘못된 반응이 따로 있는 게 아니라, 우리가 직면하는 모든 변화 상황을 어떻게 이해하고 표출하든 모두 허용된다.

3. **리더/선장**(공식적인 리더일 수도 있고 변화에 대처하는 자기만의 훌륭한 소질을 갖춘 사람일 수도 있다)은 지금 당장 활용 가능하거나 앞으로 기꺼이 배울 의향이 있는 기술과 실력에 따라 **성공적인 변화를 이뤄낼 수도, 혹은 모든 일을 망칠 수도** 있다.

이 이야기의 추가적인 교훈 가운데 하나는 우리가 변화 없이는 발전할 수 없다는 사실이다. 그리고 변화는 지속적인 추진력이지만 비밀에 부쳐질 필요는 없다. 당신이 변화에 대한 반응과 모든 변화 모델에 친숙해질수록 두려움을 효과적으로 물리치고 변화의 불확실성을 하나의 의미 있는 기회로 바꿀 수 있다.

## 변화에 대한 다섯 가지 일반적인 반응

우리 모두 변화를 서로 다른 방식으로 경험하지만, 이 이야기에서는 다섯 가지 일반적인 반응을 특히 강조한다.

1. **움직여:** 충동적이며 변화를 향한 행동에 즉시 뛰어든다.

2. **줄여라:** 예상되는 일에만 초점을 맞추고 좀처럼 변화하지 않으려 한다.

3. **기다려:** 즉시 행동에 나서지 않으며, 다른 사람들이 변화하는 모습을 보면서 서서히 상황에 적응한다.

4. **저항해:** 변화를 좋아하지 않으며, 개인적으로든 공공연하게든 변화에 맞서 싸우도록 다른 사람들을 설득하려고 노력한다.

5. **그만둬:** 빠져나가기를 선택하거나, (팀이나 관계 등을) 떠나버리거나, 혹은 머물러 있더라도 변화에 관여하기를 거부한다.

## 리더의 역할

선장/리더의 입장에서는 변화를 엄격히 따라야 하는 하나의 과정으로 바라보고 싶은 생각이 클 것이며, 최대한 효율적으로 사람들이 변화의 과정을 헤쳐 나가도록 만들고도 싶을 것이다. 하지만 그것은 올바른 시각이 아니다. 변화는 가장 먼저 사람을 우선시해야 한다. 당신 자신을 변화 속으로 이끌든, 여러 가지 다양한 반응을 보이는 사람들이 변화를 경험하면서 한 가지 목표를 향해 실질적으로 하나의 팀을 이끌어가게 되든 말이다.

## 예측 가능한 변화 모델

《누가 배를 흔들었는가?》는 변화의 실상에 관한 이야기이다. 조직과 팀, 그리고 개인이 변화를 어떤 방식으로 경험하는가에 관해 이야기를 나누는 하나의 도구로 이 책을 활용할 수 있다.

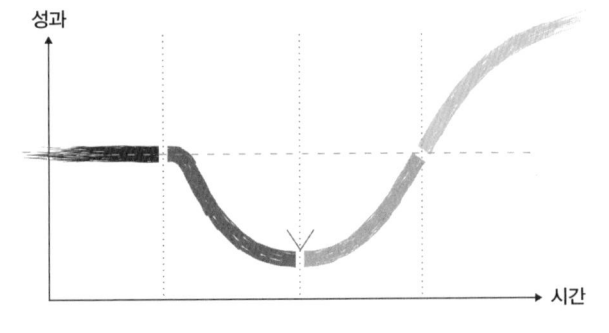

이 이야기는 변화의 예측 가능한 패턴을 설명한다. 변화 모델은 주어진 상황 속에서 당신이 어느 위치에 있는지를 스스로 파악하게 하는 한편, 앞으로 벌어질 일을 명확히 깨닫게 하는 데 필요한 하나의 구조를 제공한다. 이 배의 선원들처럼 당신 역시 변화 모델을 앞으로의 진로를 계획하는 로드맵으로 활용할 수 있다. 중요한 결정을 내리고, 새로운 행동 양식을 채택하며, 혁신이 확고히 자리 잡을 수 있는 조건을 구축하는 일에서 말이다.

## 변화 모델의 네 가지 영역

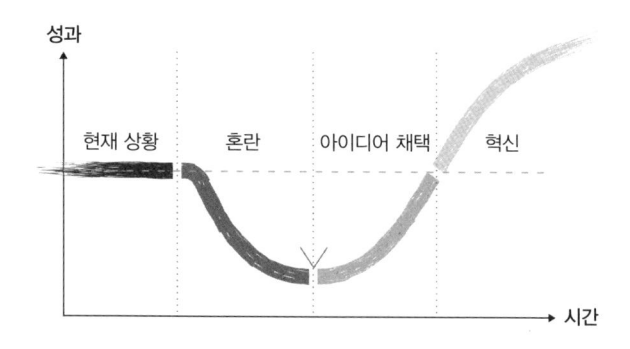

변화 모델에는 네 가지 영역이 있다.

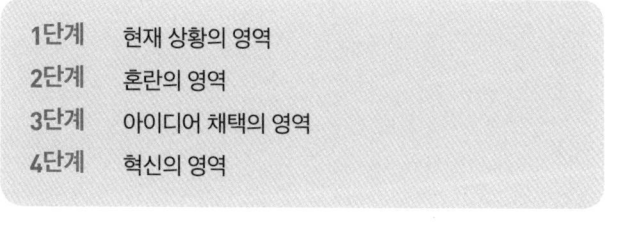

| 1단계 | 현재 상황의 영역 |
| --- | --- |
| 2단계 | 혼란의 영역 |
| 3단계 | 아이디어 채택의 영역 |
| 4단계 | 혁신의 영역 |

## 1단계: 현재 상황의 영역

현재 상황의 영역은 변화가 시작되기 전 당신이 경험하는 것이다. 이 영역에서 당신과 주변 사람들은 평상시와 같은 환경에 있으므로 보통은 편안한 느낌을 받는다. 비록 폭풍 전의 고요함에 불과한 상황이지만 말이다. 변화에서 가장 큰 성공을 거두는 사람이 앞으로 벌어질 일을 대비하는 데 자신의 시간과 에너지를 투자하는 영역이기도 하다.

## 2단계: 혼란의 영역

변화를 상징하는 폭포의 끝에서 급락할 때 당신은 혼란의 영역으로 진입하게 된다. 우리가 읽은 이야기에 등장하는 선원들과 마찬가지로 모든 성과가 추락할 때 혼돈과 모호함으로 뒤덮여 있는 자기 자신을 발견한다. 당신이 항상 가지고 있던 것 대부분이 사라지고, 당신이 늘 하던 행동이 종종 제 기능을 하지 못한다.

혼란의 영역은 운이 좋으면 불편함을 느끼는 데에 그치겠지만, 최악의 경우에는 비참함에 빠져든다. 혼란의 영역에 있는 사람은 여러 가지 감정이 고조되는 동시에 자연스레 다음 세 가지 의문을 품게 된다.

1. 어떤 것이 변화하는가?
2. 그것은 왜 변화하는가?
3. 그 변화가 내게 어떤 영향을 미칠 것인가?

## 3단계: 아이디어 채택의 영역

이 영역에서 당신은 변화가 불러일으킨 새로운 실상에 적응해야 한다. 그래서 아이디어 채택의 영역은 변화에 대처하려는 대부분의 노력이 실패하는 곳이다. 훌륭한 **'결과'호**에 승선한 선원들과 마찬가지로, 당신 역시 최초의 시도를 통해 이 상황을 벗어나기란 요원해 보인다.

아이디어 채택의 영역에 진입한다는 것은 비록 모든 노력이 실패하는 결과를 낳더라도 새로운 시도를 해본다는 의미이다. 그 과정에서 당신은 발전해나가는 중이라고 잠깐은 느낄 수도 있지만, 다음 순간 자신이 퇴보하면서 반대 방향으로 미끄러진다는 사실을 발견하게 된다. 아이디어 채택의 영역에서 이루어지는 모든 일이 그렇다. 정답은 계속해서 움직이며 변화의 근육을 만드는 것이다. 이것이 당신에게 예전 성과에 도달하는 힘을 부여할 뿐만 아니라 그 이상의 어떤 것을 위한 무대를 마련해줄 것이다.

## 4단계: 혁신의 영역

혁신의 영역에서 당신은 폭포를 만나기 전의 성과를 회복할 뿐 아니라 그 수준보다 훨씬 높아질 준비 태세를 갖춘다. 혁신의 영역에 도달했다는 것은 당신이 출발 장소에 다시 도달하는 것 이상의 일을 하는 데 필수적인 변화의 근육이 발달했다는 사실을 의미한다.

당신은 상황에 적응하는 한편, 여전히 유용한 방식을 통해 종래의 사고방식과 도전을 극복하는 방법을 배울 것이다. 애석하게도, 혁신의 영역에 도달하지 못한 사람은 이 모든 이익을 수확하지 못한 채 변화의 대가만 치른다.

혁신의 영역에서 당신은 새로운 변화의 근육이 작동할 기회를 얻는다. 이때 당신은 다음과 같은 질문을 던질 것이다.

## 마지막 메시지

이제 당신 역시 이 책의 메시지를 알게 되었다. 이 이야기를 소개하고 공유하며 활용하라. 당신이 만날 다음 변화에 어떻게 대응할지 살펴보라. 그 대응을 인식하면서 그것이 올바른 반응인지 판단하고, 어떻게 대응할지 선택하라. 위대함을 향한 여정에서 이 책이 당신 자신과 다른 사람들에게 도움이 되기를 바란다.

1. 가능성은 무엇인가?
2. 이전에 우리가 생각하지 못한 것은 무엇인가?
3. 어떻게 하면 모든 일을 더 개선할 수 있는가?

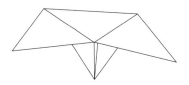

## 저자 소개

커티스 베이트먼은 프랭클린코비Franklin Covey의 선도적인 변화 전문가들 중 한 명이자 《누가 배를 흔들었는가?》의 저자이다. 그는 현재 국제총괄사무소의 부사장으로 근무하면서 고급 변화 컨설턴트 역할도 하고 있다.

전 세계에 걸쳐 25년 동안 다양한 경험을 쌓았으며, 프랭클린코비의 글로벌 부문이 세계적으로 성공하는 데 기여했다. 아울러 세계적으로 인정받은 연설가이자 콘텐츠 개발자이며 비즈니스 리더이자 코치이기도 하다.

프랭클린코비에서 일하기에 앞서 커티스는 레드 트리 리더십의 회장이자 CEO를 역임했고, 이곳에서 회사의 가치를 단일 상품에서 일련의 변화 및 리더십 솔루션을 제시하는 수준까지 발전시켰다. 그는 해당 솔루션 가운데에서도 특히 직장과 실생활에서의 변화에 초점을 둔 다섯 가지 새로운 훈련 프로그램을 개발하는 일에 공동 기여했다.

커티스는 현재 아내, 네 명의 자녀와 함께 미국 유타주에 거주하고 있으며, 하이킹과 사진 촬영으로 야외 활동을 즐기며 여가를 보낸다.

# Who rocked the boat?